Patronatskirche Wölkau

Wiederaufbau 1992 bis 1999

Hans-Reinhard Hunger | Olaf Graszt

Umschlag außen:
Der Turm nach der Rekonstruktion 1995

Umschlag innen:
Feldriss, 9. Oktober 1885,
mit freundlicher Genehmigung des
Landratsamtes Nordsachsen,
Vermessungsamt Torgau

Seite 1:
Die Patronatskirche Wölkau

Frontispiz:
Fenster Nordseite alt – neu

Seite 4:
Sonnenuhr an der Kirche

© 2012, die Autoren

Autoren: Dr.-Ing. Hans-Reinhard Hunger,
Olaf Graszt
Gestaltung: Ute Holstein
Druck und Herstellung: Druckerei Müller

ISBN: 978-3-00-037321-3

Inhalt

Michael Czupalla, Landrat des Landkreises Nordsachsen	**Vorwort**	7

1 | Einleitung

Olaf Graszt und Dr.-Ing. Hans-Reinhard Hunger	**Über dieses Buch**	11
Olaf Graszt	**Entscheidung zur Wiederherstellung der Kirche** Interview mit Peter Fromm, Kulturamtsleiter der Kreisverwaltung Delitzsch 1992	13
Olaf Graszt	**Die Sanierung der Patronatskirche** Interview mit Dr. Jürgen Liebau, untere Denkmalschutzbehörde des Landkreises Nordsachsen	19

2 | Der Wiederaufbau

Dr.-Ing. Hans-Reinhard Hunger	**Der bauliche Zustand der Kirche 1992**	27
Dr.-Ing. Hans-Reinhard Hunger	**Die Restaurierung des Turmes**	31
Dr.-Ing. Hans-Reinhard Hunger	**Die Restaurierung des Kirchenschiffes**	41
	Die an der Planung beteiligten Firmen	44

3 | Bildteil

Von der Ruine zum genutzten Bauwerk — 48

4 | Anhang

Zeittafel zur Patronatskirche — 71
Die Autoren — 72

Patronatskirche Wölkau

Vorwort

Die kulturelle und touristische Entwicklung einer Region, spielt neben der wirtschaftlichen Entwicklung für jeden Einzelnen eine nicht unwesentliche Rolle für das Empfinden der Lebensqualität. Diesen Aspekt vor Augen, verwundert es nicht, dass der Wille und der Mut zum Wiederaufbau der Patronatskirche damals bei den Entscheidern und Befürwortern sehr stark ausgeprägt waren. Die schwierige Aufgabe, die historische Bausubstanz für eine zeitgemäße Nutzung zu erhalten, ohne dabei den bauhistorischen Wert der Kirche und ihrer erhalten gebliebenen Ausstattung wesentlich zu verändern, wurde durch das Ineinandergreifen von hoher fachlicher Kompetenz und engagierter Mitarbeit der zuständigen Fachleute des Denkmalschutzes, der Architekten, des Handwerks und nicht zuletzt der Fördermittelgeber sicher gestellt.

Von Anfang an war klar, dass das geschichtsträchtige Bauwerk nach der Wiedereröffnung unbedingt mit neuem Leben erfüllt werden sollte. Dazu bedurfte es eines ambitionierten Konzeptes, das die Klammer zwischen dem Erhalt der barocken Bausubstanz und der späteren Nachnutzung bildet.

Dieses Konzept ist aufgegangen. Heute gehört die Patronatskirche längst zu einem festen Bestandteil der vielfältigen Kultur- und Tourismusangebote in Nordsachsen und darüber hinaus.

Das vorliegende Buch zieht eine Bilanz der geleisteten Arbeit beim Wiederaufbau der Patronatskirche, der vor 20 Jahren begann. Insofern bleibt zu wünschen, dass das Buch nicht ausschließlich die Fachleute anspricht, sondern ganz gezielt auch dem Nichtfachmann die komplexe und anspruchsvolle Aufgabe der Restaurierung näherbringt.

Michael Czupalla
Landrat des Landkreises Nordsachsen

1 | *Einleitung*

Patronatskirche Wölkau

Über dieses Buch

In den Jahren 1992 bis 1999 wurde die Patronatskirche in Wölkau wieder aufgebaut. Die Patronatskirche hat in den letzten hundert Jahren eine wechselvolle Geschichte durchlebt. Es blieb ihr nichts erspart. Von langjährigen Schließungen, gravierenden baulichen Mängeln bis zum Einsturz des Daches und einem damit besiegelten Verfall zur Ruine reicht das Schicksal der Kirche. Mit der bewussten Entscheidung zum Wiederaufbau haben die Verantwortlichen dem Ort Wölkau ein Stück Geschichte zurück gegeben.

Das vorliegende Buch ist kein Fachbuch und erhebt auch nicht den Anspruch auf Vollständigkeit. Vielmehr soll es der heutigen und den nachfolgenden Generationen in anschaulicher und verständlicher Weise einen Eindruck vom Umfang des Wiederaufbaus der Patronatskirche vermitteln. Fachliche Fragen zu Statik, Tragkonstruktionen und Sanierungsmaßnahmen, aber auch die Bereitstellung und Beschaffung von Fördermitteln durch die damaligen Behörden und Instanzen werden dokumentiert. Unmittelbar am Wiederaufbau beteiligte Zeitzeugen kommen zu Wort. Sie haben aus ihrer Sicht und aus ihrer Erinnerung heraus die Geschehnisse der damaligen Zeit geschildert und beschrieben.

Seit dem Abschluss des Wiederaufbaus wird die Kirche als Kultur- und Tourismuszentrum in Nordsachsen genutzt. Am 30. April 1999 wurde die Kirche dieser neuen Bestimmung übergeben.

Der Verein *Patronatskirche – Kunst & Kultur Wölkau e. V.* hat seit dem in Zusammenarbeit mit dem Eigentümer der Kirche, dem Landratsamt Nordsachsen, in diesem Sinne viel für die regionale und überregionale Etablierung der Kirche geleistet.

Wir haben versucht, fachlich korrekt und gleichzeitig für den Nicht-Baufachmann verständlich zu formulieren.

Wölkau und Weimar im Mai 2012

Olaf Graszt   *Dr. Hans-Reinhard Hunger*

Patronatskirche Wölkau

Entscheidung zur Wiederherstellung der Kirche

Interview mit Peter Fromm, Kulturamtsleiter der Kreisverwaltung Delitzsch 1992

Olaf Graszt: *Was verbirgt sich hinter der Aussage, dass die Patronatskirche Wölkau von einer wechselvollen Geschichte geprägt wurde?*

Peter Fromm: Die Patronatskirche in Wölkau zählt zu einer der bedeutendsten barocken sächsischen Kirchen. Sie wurde vom kurfürstlichen Rittmeister, Christoph Vitzthum von Eckstädt in den Jahren 1680–1688 erbaut und kurz nach der Fertigstellung Ende 1688 geweiht. Die Kirche besitzt eine wechselvolle Geschichte, die nicht unerwähnt bleiben sollte.

Der hohen Qualität der Kirche standen von Anfang an einige ungelöste bautechnische Probleme entgegen, die womöglich auf ungünstige Baugrundverhältnisse und außerdem auf eine nicht optimale Konzeption der Mauerwerkskonstruktionen zurückzuführen sind.

Bereits im Jahre 1704 zeigten sich erste Risse, die größere Reparaturen erforderten. Die ab 1836 verstärkt auftretenden Risse im Gewölbe führten 1844 zur Schließung der Kirche. Erst elf Jahre später konnte nach umfangreichen Reparaturarbeiten die Wiedereinweihung erfolgen.

Im Jahre 1905 versuchte man durch Zumauern von Fenstern und Zuschütten einiger Grüfte im Kirchenschiff die Bausubstanz zu sichern.

Nachdem der Zweite Weltkrieg nicht schadlos an der Kirche vorübergegangen war, folgten Jahrzehnte der völligen Vernachlässigung des Gebäudes.

Die in der Verantwortung stehende Kirchgemeinde Wölkau konnte die Sicherung und die Beseitigung der notwendigsten Schäden nicht durchführen, da sie keinerlei finanzielle Unterstützung staatlicherseits erhielt. So sah man sich Anfang der sechziger Jahre außer Stande, erste Dachschäden zu beseitigen. Begünstigt wurde diese schwierige Situation durch die allgemeinen Mangelerscheinungen, das heißt fehlende Dachziegel oder aber auch fehlende Dachdeckerkapazitäten.

Folglich vergrößerten sich die Schäden am Gebäude und führten letztlich durch Wassereinbrüche und die erwähnten bautechnischen Mängel im Februar 1969 zum Einsturz des Deckengewölbes. Der gesamte Innenraum mit Gestühl und zahlreichen kulturhistorisch wertvollen Kunstgegenständen wurde unter riesigen Schuttbergen begraben. Nur Altar und Apsis blieben relativ unzerstört. Doch schon kurze Zeit nach der Katastrophe kam es durch Vandalismus zu weiteren schweren Beschädigungen und entsprechender Entwertung des barocken Kleinodes. Die Kirche zerfiel zur Ruine. Es folgten Jahre der Ungewissheit über das weitere Schicksal der Patronatskirche. Sprengungsabsichten und eine vom Institut für Denkmalpflege geforderte Ruinensicherung standen sich gegenüber.

In der Hoffnung, zu retten, was zu retten ist, verkaufte der zuständige Krippehnaer Pfarrer mit Zustimmung des Kirchenrates die Ruine am 2. April 1980 an den Rat des Kreises, Abteilung Inneres, das für Kirchenfragen zuständig war. Machbare Vorstellungen, den Kirchturm für kulturelle und heimatkundliche Zwecke zu nutzen, verliefen sich in den Folgejahren im Sand. Das Schicksal der Kirche blieb weiterhin offen und der Verfall sowie die Schäden an Schiff und Turm nahmen progressiv zu.

Im Jahre 1987 entschied sich der Rat des Kreises endgültig für die Sprengung der mittlerweile völlig ruinösen Kirche. Zur Umsetzung des Vorhabens kam es jedoch nicht, da einige beherzte Bürger starke Bedenken anmeldeten und der Sprengung Widerstand entgegensetzten. So konnte die Ruine in die Wendezeit gerettet werden und ging glücklicherweise 1990 in die Verantwortung der neugewählten Kreisverwaltung über.

Olaf Graszt: *Wie konnte die aufwendige Sanierung und Restaurierung der Ruine finanziert werden? Gab es dafür eine Konzeption?*

Peter Fromm: Die neugewählte CDU-SPD-Regierung des Landkreises konnte und wollte ihre Tätigkeit als Kreisverwaltung nicht mit dem Abriss einer Kirche beginnen und so entschieden sich Landrat Michael Czupalla und der erste Kreistag eindeutig für die Sanierung der Kirchenruine.

Als eine der ersten Maßnahmen der neu installierten Unteren Denkmalbehörde, die im Kulturamt angesiedelt war, gehörte die Aufdeckung aller Fördermöglichkeiten, da dringende Eile geboten war. Mittlerweile wuchsen armstarke Hollunderbüsche und Ahornbäume auf den Schuttbergen im Kirchenschiff und oben in luftiger Höhe hatte sich die riesige barocke Haube selbstständig gemacht und drohte seitlich herabzustürzen.

Mit Nachdruck wurden Fördermittelanträge an Bund und Freistaat gestellt sowie Ausschreibungen der Baumaßnahmen veröffentlicht.

Sehr schnell stellte sich heraus, dass die Eigenmittel und die bereitgestellten Förder-

mittel der Höheren Denkmalschutzbehörde beim Regierungsbezirk Leipzig für die umfangreiche Sanierung der Ruine nicht im Ansatz ausreichten.
Und wieder stand die Durchführung aller Pläne auf der Kippe. Das Kulturamt, unter meiner Leitung, erarbeitete eine weit in die Zukunft reichende Konzeption für eine vielfältige Nutzung der Kirche. Es entstand ein Projekt, das touristische sowie Fremdenverkehrs- und Kulturaktivitäten in sinnvoller Symbiose vereinte.
Dieses Projekt überzeugte die Abteilung Wirtschaft und Arbeit im Regierungsbezirk Leipzig, so dass die fehlenden Fördermittel aus den Fördertöpfen »Tourismus und Naherholung« flossen. Bereits 1992 begannen die Sicherungsarbeiten am Turm der Kirche. Erwähnenswert ist an dieser Stelle, dass die Familie Vitzthum von Eckstädt, zu der die Kulturverwaltung und der Förderverein von Anfang eine enge Beziehung unterhält, 10.000,00 DM für die Erneuerung der Turmhaube spendete.
Insgesamt dauerten die Rekonstruktions- und Restaurierungsarbeiten reichliche sechs Jahre. Während der gesamten Bauzeit ergaben sich zusätzliche Probleme und Schwierigkeiten, die letztendlich restlos von den Verantwortlichen behoben werden konnten.
Am 30. April 1999 erfolgte im Rahmen des Kunstprojektes »Kreuzgang« die feierliche Eröffnung der Patronatskirche zu einem kulturell-touristischen Zentrum. Gleichzeitig übergab Landrat Michael Czupalla dem Kultur-Dezernenten Ernst Ullrich Schönberg das neu eröffnete Zentrum mit dem Auftrag, gemeinsam mit dem Verein *Patronatskirche – Kunst & Kultur Wölkau e. V.* ein pulsierendes kulturell-künstlerisches Leben zu entwickeln.

Patronatskirche Wölkau

Olaf Graszt: *Konnte die Konzeption in die Praxis umgesetzt werden?*
Peter Fromm: Das muss man eindeutig mit ja beantworten. Der Verein hat ab 1999 alljährlich in der Sommersaison dafür gesorgt, dass neben vielfältigen und breitschichtigen Kulturveranstaltungen auch der »touristische Teil« der Kirche nicht vergessen wurde. Jeweils sonntags steht den Touristen die Patronatskirche für die Besichtigung offen. An diesen Tagen kann auch der neugestaltete Aussichtspunkt vom Kirchturm genutzt werden. Die aus der Nutzungskonzeption umgesetzten Schwerpunkte sind die Durchführung von musikalischen Veranstaltungen mit regionalen und überregionalen Künstlern, die Schaffung eines Podiums für Nachwuchskünstler des Landkreises, Ausstellungen der Malerei, Fotografie, Bildhauerei, Raum- und Klanginstallationen usw. Es haben sich im Laufe der Jahre feste Veranstaltungsreihen etabliert. Denken Sie z. B. an den Gellert-Abend, der jährlich stattfindet. Aber auch der Landkreis selbst nutzt die Kirche regelmäßig. Die Veranstaltungsreihe »Rock & Lyrik« sei hier stellvertretend genannt.
Dank der kontinuierlichen, aktiven Kulturamts- und Vereinstätigkeit erfreut sich die Patronatskirche Wölkau mit den vielfältigen, interessanten und kurzweiligen Saisonangeboten einer großen Beliebtheit und ist aus der Kulturlandschaft der engeren und weiteren Region nicht mehr wegzudenken.

Entscheidung zur Wiederherstellung der Kirche

Patronatskirche Wölkau

Die Sanierung der Patronatskirche Wölkau
Interview mit Dr. Jürgen Liebau, Landratsamt Nordsachsen, März 2012

Der Eigentümer der Patronatskirche, das Landratsamt Nordsachsen, hatte sich zum damaligen Zeitpunkt für den Erhalt der Kirche entschieden. Herr Dr. Jürgen Liebau war von Anfang an in die Vorbereitungen und in die Durchführung der Sanierungsmaßnahmen involviert. Er arbeitet heute als Sachgebietsleiter im Landratsamt Nordsachsen, in der unteren Denkmalschutzbehörde.

Olaf Graszt: *Nach der Entscheidung in den Gremien des damaligen Landkreises Delitzsch zum Erhalt der Kirche, musste die Finanzierung der Maßnahmen sichergestellt werden. Wie kann man sich das rückblickend vorstellen?*
Dr. Liebau: Zunächst einmal wurden die entsprechenden Fördermöglichkeiten geprüft. Es war allen Beteiligten klar, dass das Vorhaben aus Eigenmitteln nicht zu finanzieren war. Neben der Sicherstellung der finanziellen Mittel, war aber auch der Zeitraum der Baumaßnahmen von enormer Bedeutung.
Olaf Graszt: *Was bedeutet das genau?*
Dr. Liebau: Zunächst einmal wurden auf der Basis der vorliegenden Gutachten und der augenscheinlichen Situation vor Ort entschieden, dass Sicherungsmaßnahmen insbesondere am Turm der Kirche vordringlich durchzuführen sind. Darauf stellten dann auch die ersten Beantragungen der Fördermittel an Bund und das Land Sachsen ab. Die Ausreichung der Fördermittel erfolgte ab 1992 durch das Referat Denkmalschutz beim damaligen Regierungspräsidium Leipzig, ab 1996 zusätzlich auch durch das dortige Referat Wirtschaft und Arbeit.
Olaf Graszt: *Welche Sanierungsmaßnahmen konnten daraufhin mit den eingereichten Fördermitteln durchgeführt werden?*
Dr. Liebau: Rückblickend würde ich die Sanierungsarbeiten an der Patronatskirche in zwei große Abschnitte, wenn Sie so wollen in zwei Bauabschnitte, unterteilen. In den Jahren 1992 bis 1995 fanden hauptsächlich die Sicherungsarbeiten statt. Dazu konnten Fördermittel zur »Erhaltung und Pflege eines Kulturdenkmales« in Anspruch genommen werden. Ab 1996 kann man eher von der Ausbauphase zum Kultur- und Tourismuszentrum sprechen. In der Zeit der Sicherungsmaßnahmen

wurden natürlich auch schon abschließende Instandsetzungsarbeiten durchgeführt. Denken Sie beispielsweise an die frühzeitige Setzung der neuen Turmhaube im September 1993. Aber das war absolut notwendig, denn der Turm musste vor weiteren Witterungseinflüssen geschützt werden. Oder nehmen Sie die Stabilisierung des gesamten Turmes, der über den Einbau einer Fundamentplatte und aussteifender Deckenscheiben im selben Jahr erreicht wurde. Weitere Sicherungsmaßnahmen waren z. B. im nördlichen Anbau unumgänglich. Der gesamte Bereich war stark einsturzgefährdet bzw. sehr stark beschädigt. Grundsätzlich wurde aber zunächst der Turm in den Mittelpunkt der Arbeiten gerückt.

Olaf Graszt: *Der Turm wurde ja praktisch als erstes fertiggestellt. Außer der Turmhaube und der Fundamentverstärkung wurden noch andere Arbeiten durchgeführt.*

Dr. Liebau: Umfangreiche Maßnahmen waren zu jener Zeit der Abbruch der teilweise noch vorhandenen Deckenbalken und der Ersatz durch fünf aussteifende Stahlbetondecken, die umlaufend mit dem Mauerwerk des Turmschaftes vernadelt wurden sowie der Einbau von vier Spannankern in jeder Deckenebene. In Vorbereitung des Setzens der neuen Turmhaube war die Entfernung der Reste des innenliegenden verrotteten Fachwerkes im Bereich des Oktogons und der Einbau eines neuen Fachwerkes aus bewehrtem Leichtbeton ein weiterer Meilenstein. Damit war der vordem stark geschädigte und gerissene Turmschaft stabilisiert. Dem schlossen sich die steinmetzmäßige Instandsetzung aller Gesimse und Fenstergewände des Turmes und die Erneuerung des Außenputzes entsprechend der barocken Gliederung sowie die Kupferabdeckung aller Gesimse an.

Olaf Graszt: *Gab es auch für das Kirchenschiff Sicherungsmaßnahmen?*

Dr. Liebau: Natürlich war das Schiff auch vom Verfall betroffen. Neben Schutteräumung stand die Bergung aller historischen Bauteile, die im Schutt aufgefunden wurden, mit an erster Stelle. Der Abtrag der verwitterten Mauerwerkskronen aller Schiff- und Anbauwände bis ins tragfähige Mauerwerk sowie Wiederaufmauerung entsprechend des historischen Bestandes und die Anordnung eines umlaufenden Stahlbetonringankers zur Sicherung des Baukörpers schlossen sich an. Übrigens wurden die beiden Flachdächer der Anbauten vorerst nur mit Pappe eingedeckt. Des Weiteren war der Teileinsturz des nördlichen Treppenturmes zu beklagen. Es wurde in Abstimmung mit den zuständigen Denkmalpflegern und zur Erreichung des baulichen Zielzustandes ein authentischer Wiederaufbau notwendig. Die

Beseitigung der unmittelbaren Einsturzgefahr im nördlichen Anbau wurde außerdem durch den Ersatz un die Verankerung einer Wandscheibe sicher gestellt.

Olaf Graszt: *Was waren die wichtigsten Maßnahmen ab 1996?*

Dr. Liebau: Hier standen weitere Baumaßnahmen und der Ausbau der Kirche zum vorbestimmten Verwendungszweck im Mittelpunkt. Es sollte ja eine Nachnutzung als Kultur- und Tourismuszentrum möglich sein. Dazu wurden die einzelnen Maßnahmen umgesetzt.

Olaf Graszt: *Welche Maßnahmen waren das genau?*

Dr. Liebau: Im Turm wurde eine Treppenanlage aus verzinktem Stahl einschließlich Zwischenpodesten eingebaut. Die nur noch in der Antrittsstufe vorhanden gewesene Sandsteinwendeltreppe des nördlichen Treppenturmes wurde originalgetreu nachgebaut und die historische profilierte Holzbalkendecke in der ehemaligen Patronatsloge wurde unter Verwendung von erhaltungsfähigen Balken entsprechend des in Resten noch vorhandenen Bestandes instandgesetzt. Des Weiteren wurden hier alle teilzerstörten Eingangsstufen steinmetzmäßig wieder hergestellt. Damit wurde gleichzeitig die Erschließung der Räume für die touristische Nutzung ermöglicht. Im Kirchenschiff wurde ein feuchtigkeitsbeständiger und frostsicherer Fußboden aus Sandsteinplatten entsprechend des noch ablesbaren historischen Formates eingebaut. Außerdem wurden im Kirchenschiff an der Nord- und Südwand Verglasungen angebracht, unter denen geborgene gestaltete Sandsteinteile aus den Trümmern der Kirche im Sinne eines Lapidariums ausgestellt sind.

Olaf Graszt: *Welche Maßnahmen gilt es unbedingt noch zu erwähnen?*

Dr. Liebau: Grundsätzlich waren alle Maßnahmen zum Wiederaufbau unumgänglich und haben dazu beigetragen, dass die Kirche heute so dasteht. Wenn ich zwei, drei besondere Themen herausgreifen will, dann stehen diese für die anderen gleichermaßen. Insofern möchte ich das Haupteingangsportal erwähnen. Es wurde steinmetzmäßig instandgesetzt. Die Instandsetzung dieses Sandsteinportales erfolgte durch Vierungen und Teilauswechslungen, im geringen Umfang durch Antrag von Restaurierungsmörtel. Die noch vorhandene Tür des Hauptportals, die aus der vorletzten Jahrhundertwende stammt, wurde aufgearbeitet und Bänder und Kastenschloss funktionsfähig gemacht. In Erinnerung bleibt mir auch das instandgesetzte Altarpodest mit der Markierung des ehemaligen Standortes des Altars. Aber auch die Krypta unter dem Kirchturm hatte so ihre ganz besonderen Eigenheiten. Die Krypta

Patronatskirche Wölkau

unter dem Kirchturm wurde mit einer Sandsteinabdeckung versehen, die während der Bauarbeiten ausgelagerten sterblichen Überreste der dort bestatteten Grafen von Vitzthum wurden wieder beigesetzt. Schön ist auch, dass das historische Uhrwerk geborgen, zusammengebaut und im Obergeschoß des nördlichen Anbaues zur Besichtigung aufgebaut wurde.

OLaf Graszt: *Was hat der Wiederaufbau der Kirche letztendlich gekostet und wie setzen sich die Mittel zusammen?*

Dr. Liebau: Der Gesamtaufwand für alle Arbeiten einschließlich der Nebenkosten betrug in den Jahren 1992 bis 1998 etwas über 3,2 Millionen DM. Davon stellten die Zuwendungen zur Erhaltung und Pflege von Kulturdenkmalen (Denkmalfördermittel) mit ca. 1,8 Millionen DM den größten Anteil dar. Im Rahmen der Gemeinschaftsaufgabe »Verbesserung der regionalen Infrastruktur« (Tourismusfördermittel) wurde eine Zuwendung in Höhe von 960.000,00 DM ausgereicht. Die verbliebene Differenz wurde aus Eigenmitteln des Landkreises Delitzsch finanziert. Unbedingt erwähnenswert in diesem Zusammenhang ist die Tatsache, dass die Familie Vitzthum 10.000,00 DM zur neuen Turmhaube beisteuerte. Im Interesse des Bauablaufes musste die zeitliche Abfolge der Arbeiten innerhalb des Zuwendungszeitraumes zum Teil verändert werden. Dennoch wurden alle Arbeiten unter Einhaltung der geplanten Gesamtbausummen realisiert.

Olaf Graszt: *Sind denn alle vor dem Beginn der Bautätigkeiten formulierten Zuwendungsziele umgesetzt bzw. erreicht worden?*

Dr. Liebau: Das Zuwendungsziel konnte insgesamt erreicht werden. Einerseits konnte ein nicht unbedeutendes Kulturdenkmal erhalten werden, andererseits trägt die Nutzung der gesicherten Kirchenruine als Aussichtsmöglichkeit und touristischer Informationspunkt, als Lapidarium für Steinkunstwerke sowie als Ort gehobener kultureller Veranstaltungen zu einer Aufwertung der Attraktivität der Ortslage bei. Sicher wäre es wünschenswert, wenn das Kirchenschiff irgendwann einmal wieder ein Dach erhalten würde, die baulichen Voraussetzungen dafür sind durch den eingebauten Ringanker jedenfalls schon geschaffen.

Patronatskirche Wölkau

2 | *Der Wiederaufbau*

Der bauliche Zustand der Kirche 1992
Hans-Reinhard Hunger

Die erste Begegnung mit der Patronatskirche zu Wölkau fand am 16. September 1992 statt. Auf dem Rückweg von einer Besprechung zum Projekt Stadt- und Kreisbibliothek Torgau war auf Wunsch des Architekturbüros Ilg/Friebe/Nauber die Kirche zu besichtigen. Da das Kirchengelände eingezäunt war, konnte eine Begutachtung zunächst nur von außen und oberflächlich vorgenommen werden. Das gesamte Gebäude zeigte sich in einem sehr schlechten Erhaltungszustand. Es war kein Schiffdach mehr vorhanden und die Turmhaube war ohne Dachdeckung und Dachschalung sowie nur noch in einer Restkonstruktion vorhanden. Das gesamte Bauwerk wies große Schäden in Form von tiefen und langen Rissen im Mauerwerk, abgewitterten Mauersteinen und großflächig fehlendem Putz auf. Die Mauerkronen waren fast vollständig mit kräftigen und jahrelangen Pflanzenbewuchs eingedeckt. Der Turm schien ursprünglich von filigraner Konstruktion gewesen zu sein. Er hatte bei seiner Errichtung viele und große Öffnungen, die eigentlich so nicht üblich waren und im Laufe der Zeit wieder zugemauert worden sind. Vorgefundene Ausmauerungen im Inneren des Turmes bestätigen später diese Annahme. Das Mauerwerk des gesamten Turmes der Kirche war auf allen vier Seiten durchgängig gerissen und zwar immer in den Fensterachsen. Auch das Mauerwerk des Schiffes wies an vielen Stellen Risse auf, so z. B. über den Fensteröffnungen.

Im Herbst 1992 konnte die Kirche auch von innen begutachten werden. Dabei sollte sich der von der Außenbesichtigung eingestellte Eindruck bestätigen und teilweise noch verstärken. Bis zum Oktogon besteht der Turm aus einer reinen Mauerwerkskonstruktion. Das Oktogon selbst besteht dagegen aus einem ausgemauerten Holzfachwerk, auf dem die Konstruktion der Haube aufliegt. Durch das ständige Eindringen von Feuchtigkeit und Frost in das Mauerwerk waren auch im Innern der Kirche und des Turmes großflächig extreme Schäden entstanden. Der gesamte Innenraum der Kirche war mit Schutt bedeckt, auf dem sich über Jahre hinweg eine beachtliche Vegetation gebildet hatte. Die Glasscheiben an den einstmaligen Kirchenfenstern waren herausgebrochen oder, so weit vorhanden, gesprungen. Insgesamt entsprach der Zustand der Kirche einer Ruine.

Für die weiteren Entscheidungen über die Sanierungswürdigkeit, aber auch bereits zu Festlegung von Sanierungsvarianten und -möglichkeiten, wurde als erstes ein Untersuchungsbericht zum Mauerwerk in Auftrag gegeben. Darin sollten Aussagen zum Zustand, zur Beschaffenheit und zum verwendeten Material getroffen werden. Der Bericht des Ingenieurbüros für Bauwerkserhaltung Weimar GmbH lag im Dezember 1992 vor und bestätigte die Vermutungen, dass das Ziegelmauerwerk ohne Hohlräume besteht, also keine Mehrschaligkeit aufweist. Außerdem konnte zweifelsfrei ermittelt werden, dass im ursprünglichen Mörtel kein Gips oder Anteile von Gips vorhanden waren, sondern lediglich in späteren Ergänzungsmörteln. Trotzdem ist empfohlen worden, bei späteren Sanierungsarbeiten generell mit sulfatresistenten Bindemitteln zu arbeiten, damit die Bildung von Ettringit und Thaumasit ausgeschlossen werden kann. Weiterhin musste zur Entscheidung, ob die Kirche sanierungsfähig ist, eine geotechnische Stellungnahme zur Turmgründung und den Baugrundverhältnissen angefertigt werden. Die von dem Delitzscher Ingenieurbüro Meßinger & Völkel angefertigte Einschätzung lag Ende Januar 1993 vor und hatte im Ergebnis erforderliche Baugrundverbesserung bzw. Gründungsverstärkungen. Unter Würdigung der Gesamtsituation und unter Zugrundelegung der Aussagen der Fachleute wurde die Entscheidung getroffen, dass die Restaurierung und die Wiederherstellung der vorhandenen Bausubstanz der Patronatskirche schwierig, aber machbar ist.

Der bauliche Zustand der Kirche 1992

Die Restaurierung des Turmes

Hans-Reinhard Hunger

Zwischen Dezember 1992 und Februar 1993 wurden die erforderlichen Planungsunterlagen vom Architekturbüro Ilg/Friebe/Nauber, Leipzig sowie vom Ingenieurbüro für Tragwerksplanung Dr. Hunger, Weimar erstellt. Schnell war klar, dass der Turm nur mit aufwendigen und modernsten Sanierungsmaßnahmen erhalten werden kann. In den Gutachten zum Turmzustand und den Vorplanungen wurden die vorgefundenen Mängel und Risiken eingehend beschrieben und Vorschläge zur Sanierung gemacht. Der Kirchturm, der einen fast quadratischen Grundriss aufweist, ist mit seinen sechs Geschoßen fast 25 Meter hoch und hat ein Gewicht von 15.610 kN (1.560 t). In den beiden obersten Geschossen wechselt der Grundriss vom Quadrat zum Oktogon. Das Mauerwerk war ursprünglich verputzt, stellenweise ist der Putz aber nicht mehr vorhanden.

An der Fassade traten extreme Risse auf. Die Risse verliefen in senkrechter Richtung und waren auch im Mauerwerksinneren zu beobachten. Am Turm wurden in der Vergangenheit vermutlich öfters Umbauten vorgenommen. Dies wurde zumindest am Ziegelbild im Inneren des Turmes sichtbar, den großflächigen Ausmauerungen sowie an der unterschiedlichen Färbung der eingesetzten Ziegel und des Mauermörtels. Das Fundament des Turmes wurde aus Natur- und Backsteinen (Ziegel) errichtet und offensichtlich gab es schon früher Probleme an der Gründung, denn es ist eine Fundamentverstärkung mittels Beton vorgenommen worden. Die Gründungstiefe des Turmes liegt 1,80 m unter der Oberkante des Geländes. Die in Höhe des Fußbodens vorhandene Gewölbedecke lies die Vermutung zu, dass der Turm unterkellert ist. Der darunterliegende Hohlraum war allerdings bis in eine Tiefe von 1,50 m unter OKG mit Bauschutt verfüllt, so dass eine gesicherte Aussage dazu seinerzeit nicht möglich war. Nach Freilegung dieses Raumes zeigte es sich, dass die Frostsicherheit der Gründung nur eingeschränkt gegeben ist, da das Mauerwerk der Krypta unter dem Kirchturm gerade einmal 20 cm unterhalb des Fußbodens einbindet. Die Tragfähigkeit des vorhandenen Fundamentes war rechnerisch nicht ausreichend – eine Sohlspannung von 700 kN/m^2 wurde ermittelt – und konnte unter den vorhandenen baulichen Gegebenheiten auch nicht nachgewiesen werden. Der Vorschlag des

Mehrfach verändertes Mauerwerk mit Rissen in der Glockenstube

Herstellung der Mauerwerksbohrungen für die Verbindungsanker zur neuen Fundamentplatte

Tragwerksplaners und des Baugrundsachverständigen beruhte auf der Herstellung eines geschlossenen Fundamentes mittels Fundamentplatte unter gleichzeitiger Einbindung in die vorhandene Gründung und Nutzung des Turminneren. Es wurde in Höhe der Gründungsebene im Turminneren eine Fundamentplatte aus Stahlbeton angeordnet, die mit dem aufgehenden Turmmauerwerk verbunden wurde. Zur Gesamtstabilisierung des Turmes wurde in jeder der sechs Geschossebenen eine Stahlbetondecke eingezogen. Diese Decken sind mittels Vernadelungen, eingeklebten Bewehrungsstählen bzw. Gewindestangen, mit dem Mauerwerk verbunden. Diese Maßnahme trug ganz entschieden zur Sicherung und Stabilisierung des Mauerwerkes bei. In den sechs Geschossdecken wurden mittige Öffnungen angebracht, die zum Einbau einer Treppe aus Holzkonstruktion dienten. Später, nach Entscheidung einer öffentlichen Nutzung des Turmes, erfolgte der Einbau einer Stahltreppenanlage. Die noch vorhandenen Teile der Haubenkonstruktion konnten nicht mehr verwendet werden, so dass sie vollständig abgenommen worden sind. Die ehemalige Holzkonstruktion der Turmhaube wurde unter Verwendung der historischen Konstruktion und der vorhandenen Form nachempfunden. Dies stellte sich auf Grund fehlender Zeichnungen und Unterlagen zur Turmhaube als sehr anspruchsvoll heraus. Nach Aufmaß der in der alten Turmhaube noch vorhandenen geschwungenen Sparren konnte die Form der Turmhaube nachgebildet und so originalgetreu wieder hergestellt werden. Die Holzkonstruktion wurde von der Zimmerei Basan aus Krostitz (jetzt Radefeld) gefertigt.

Die Restaurierung des Turmes

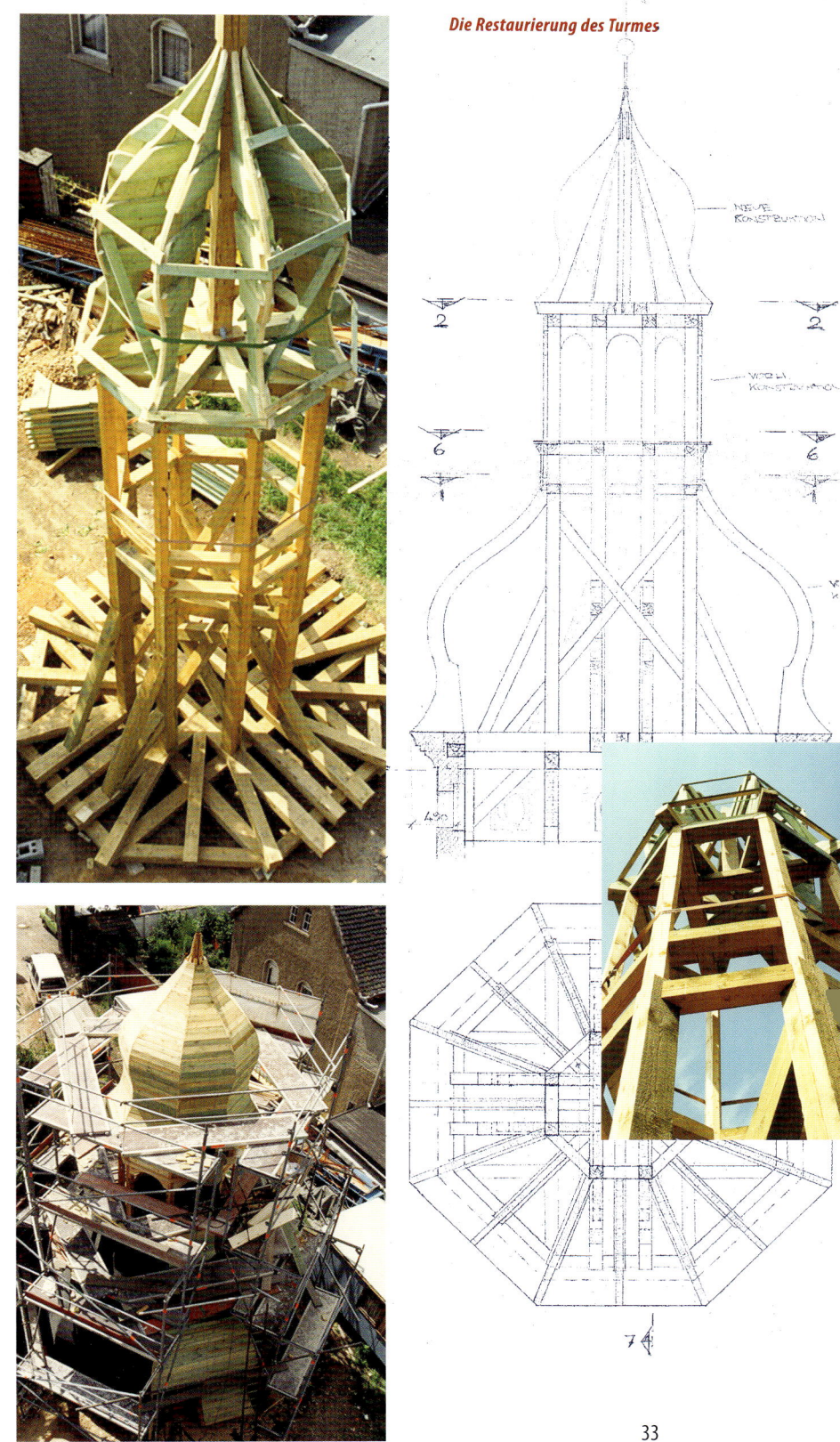

Patronatskirche Wölkau

Unterstes Oktogongeschoss vor Sanierungsbeginn

Oberstes Oktogongeschoss nach Abbau der alten Turmdachkonstruktion

Eingelegte Stahlbewehrung vor Einbau des Spritzbodens

Oberstes Oktogongeschoss nach Sanierung des Fachwerkes durch Spritzbeton

Stahltraverse zwischen den Laternenstielen der neuen Turmhaube kurz vor der Kranmontage

Bevor jedoch die Turmhaube wieder aufgesetzt werden konnte, war die Holzkonstruktion im Oktogon zu sanieren. Das vorhandene, im Mauerwerk eingelassene, Holzfachwerk war sehr stark geschädigt und es war zu befürchten, dass eine erneute Verwendung von Holz schnell zu neuen Schäden führen würde. Außerdem war dies aus holzschutztechnischer Sicht nicht sinnvoll. Es musste also eine neue dauerhafte Lösung gefunden werden. Diese Lösung bestand darin, dass man das Holzfachwerk komplett durch Stahlbeton ersetzte. Die dafür vorgesehene Bewehrung sowie der gesamte Hohlraum im Mauerwerk wurde mit Spritzbeton ausgefüllt. Dies erforderte zum einen keine Schalung und zum anderen konnte damit eine gute Betonqualität erreicht werden.

Im Sommer 1993 wurde dann die neue Turmhaube in der Zimmerei vorgefertigt, auf dem Schnürboden vor der Kirche aufgestellt, mit dem Dachschiefer versehen und am 3. September 1993 bereits wieder aufgesetzt. Dies erforderte Spezialtechnik (Mobilkran mit einer Tragfähigkeit von 200 t) und ein absolut auf einander abgestimmtes Team. Immerhin betrug das Gewicht der Haube beim Aufsetzen 13 t und hatte die stattliche Höhe von 12 m. Da die Dachhaut der Haube bereits komplett aufgebracht wurde, sollte vermieden werden, dass durch das Aufsetzen der Haube nachträglich Öffnungen in das Schieferdach eingebracht werden müssen. Deshalb ist vom Tragwerksplaner eine spezielle Krantraverse aus Stahl geplant worden. Normalerweise werden bei einem Aufsetzen mittels Traverse die Seile durch Öffnungen in der Dachhaut zum Balkenkranz geführt. Dies sollte hier unbedingt vermieden werden, da das Schließen der Öffnungen nachträglich sehr aufwendig und kompliziert ist. Die Alternative bestand darin, dass die Traverse zur Seilführung innerhalb der Turmhaube diente. Die große Herausforderung bei dieser Art des Anschlagens bestand darin, die geeigneten Anschlagpunkte für die Seile zu finden ohne dass dabei die Sparren, Streben und andere Bauteile der Turmhaube beschädigt werden. Die Traverse wurde von den Zimmerern durch die Laternenstiele in zwei Teilen eingefädelt und dann verschraubt. Das Aufsetzen der Turmhaube wurde danach bei strömenden Regen ohne Probleme durchgeführt. Noch am gleichen Tag, in einem zweiten Arbeitsgang, konnte die Bekrönung, der Turmknopf und die Wetterfahne, aufgesetzt werden.

Im Sommer 1994 wurde mit dem Einbau der bereits erwähnten Decken in den Turmschaft begonnen. Zur Stabilisierung des Turmmauerwerkes wurden in allen Geschossebenen Stahlbetondecken eingezogen, die als aussteifende Decken im Sinne

Patronatskirche Wölkau

einer Deckenscheibe wirken. Die Auflager wurden dabei in unterschiedlicher Weise hergestellt. Einerseits mussten nicht wenige der Auflager in das Mauerwerk eingestemmt werden, andererseits konnten vorhandene Mauerabsätze verwendet werden. Für alle Decken sind jedoch zusätzliche Vernadelungen ins Mauerwerk vorgenommen worden, ähnlich wie bereits im Gründungsbereich.

Im Herbst 1994 waren die Putzarbeiten am Turm beendet und der Einbau der Treppe aus Holz abgeschlossen. Im Jahr 1997 wurde dann mit der Planung der Stahltreppe im Turm begonnen und 1998 und mit dem anschließenden Einbau abgeschlossen. Problematisch stellten sich die unterschiedlichen Geschosshöhen und die beengten Platzverhältnisse dar, musste doch über alle Etagen das Treppensteigungsverhältnis gleich bleiben. Die Stahltreppe ersetzte die provisorische Holztreppe von 1994 und ermöglicht so die zukünftige Ersteigung des Turmes als Aussichtspunkt sowie zur Nutzung einzelner Etagen als Ausstellungsräume.

Seite 37
Aufsetzen von Wetterfahne und Turmknopf

Bewehrung und Nadelanker einer Decke im Turm

Wetterfahne und Turmknopf
Foto: W. Dietrich, Wölkau

Turmhaube für die Kranmontage vorbereitet

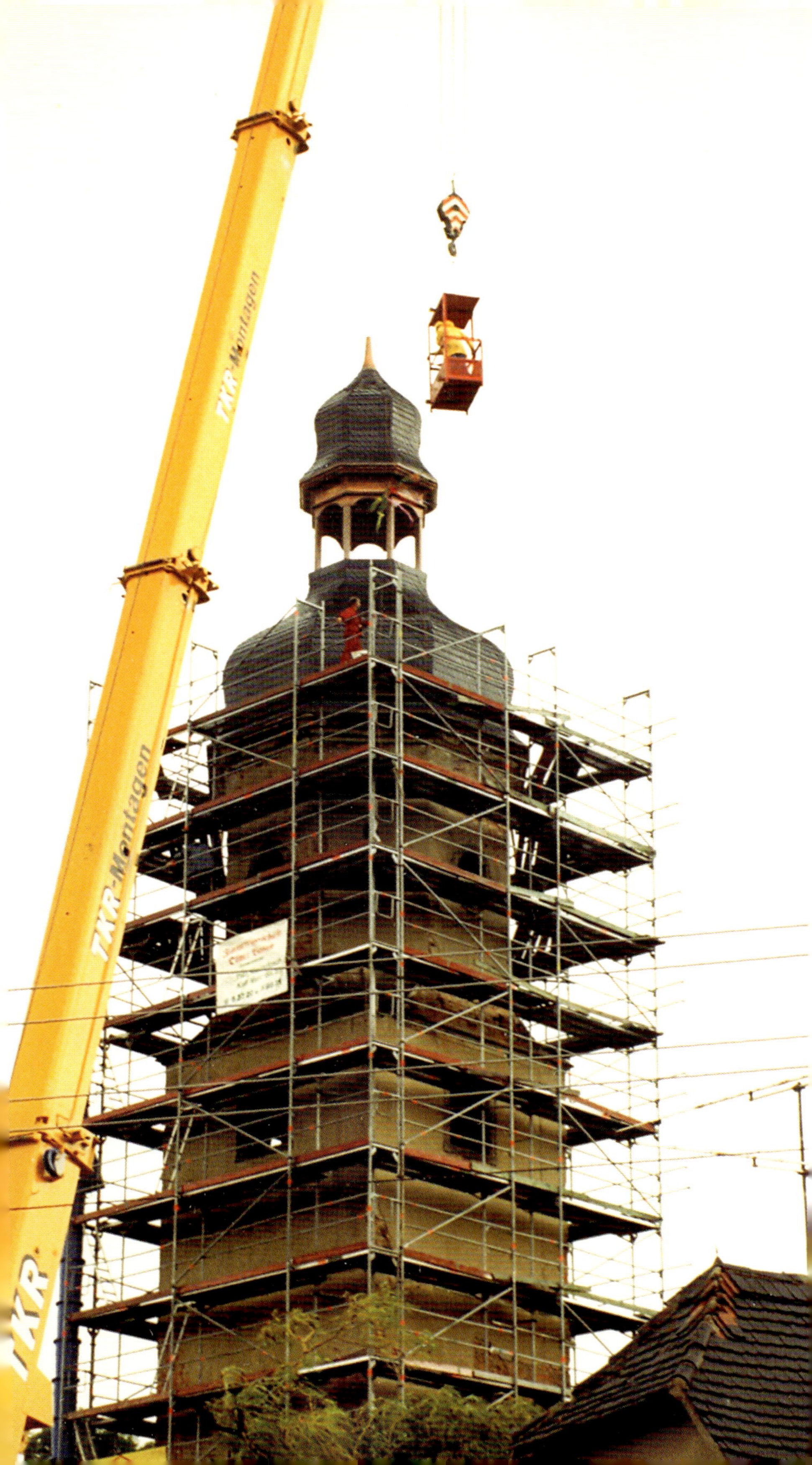

Patronatskirche Wölkau

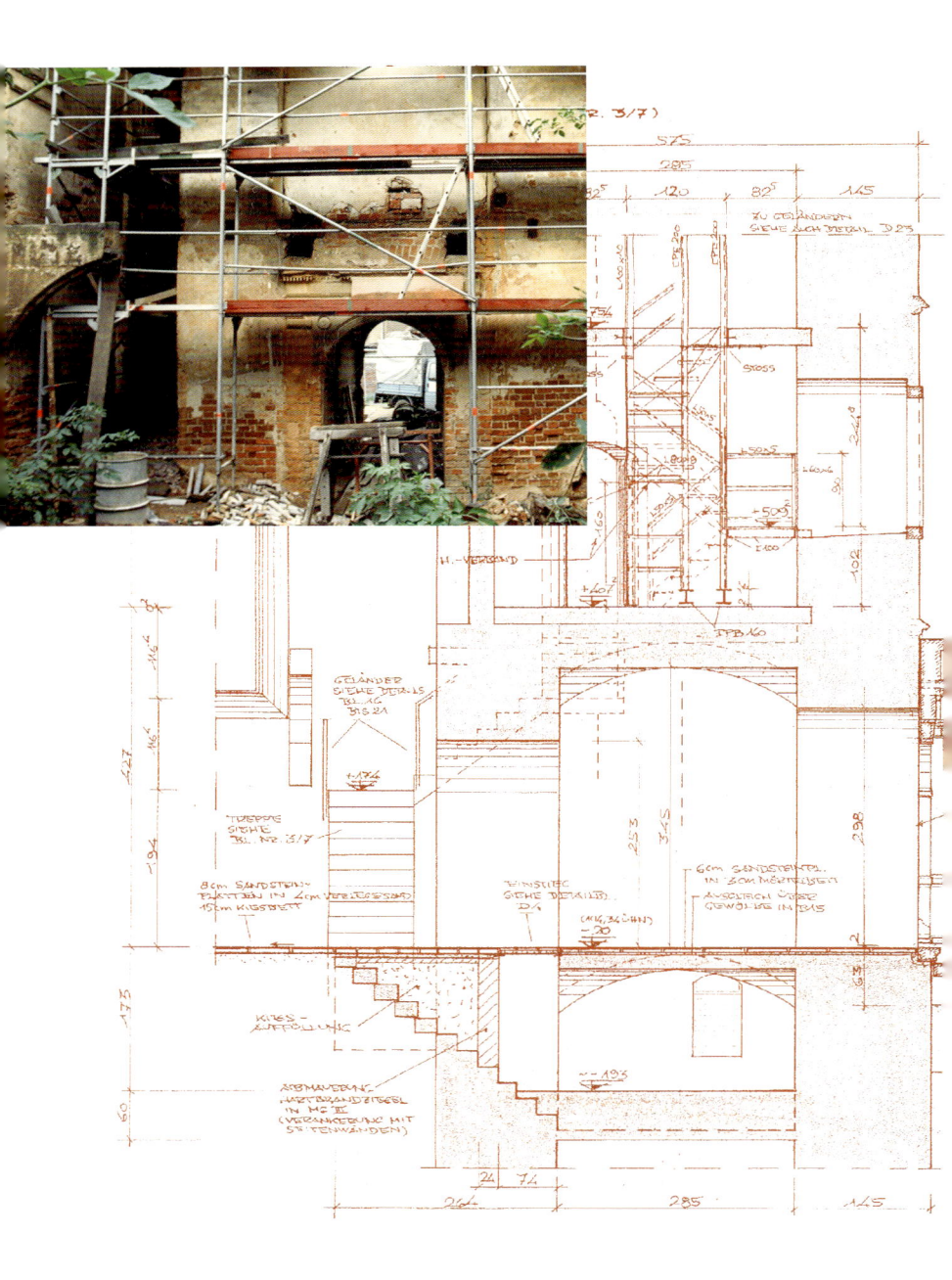

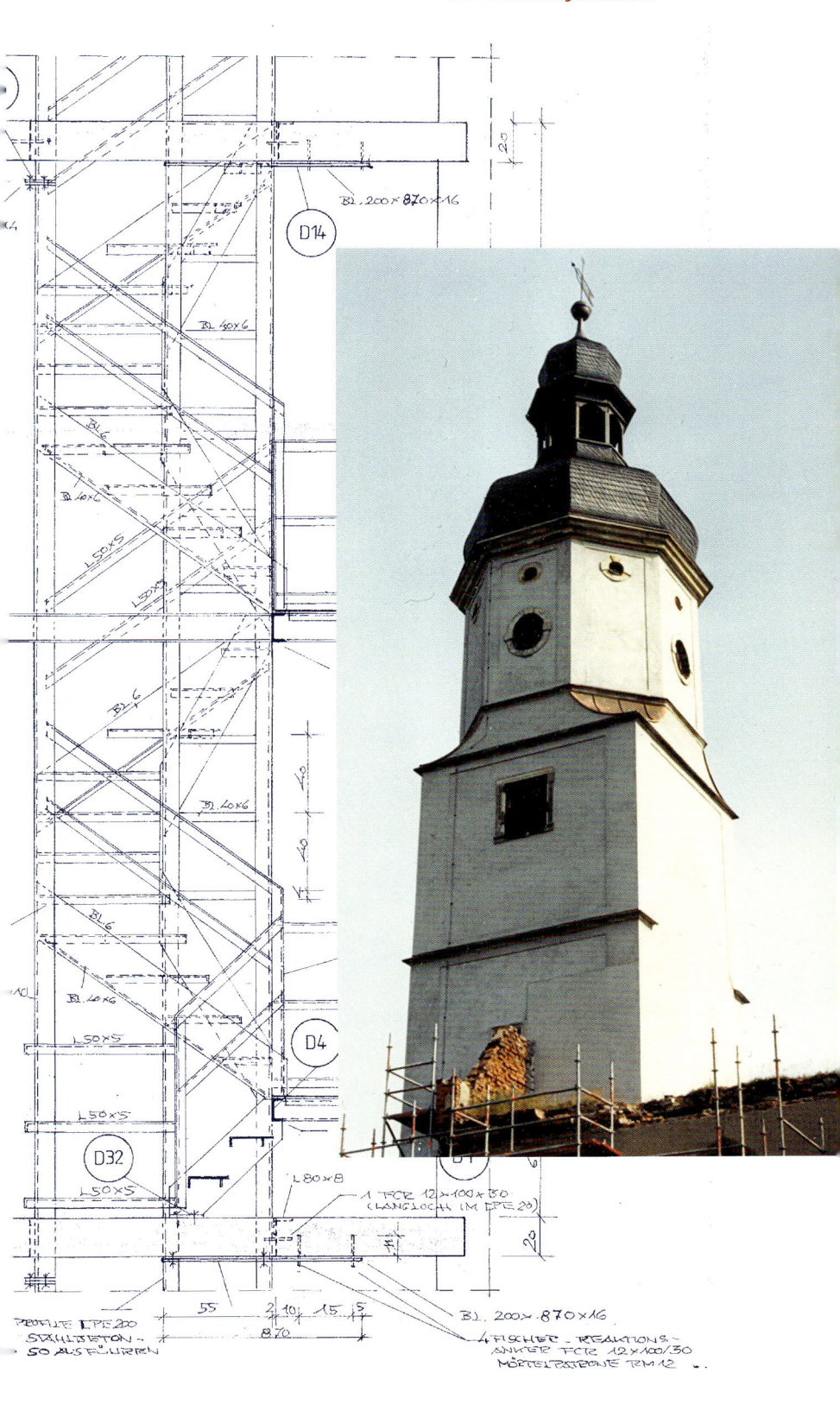

Die Restaurierung des Turmes

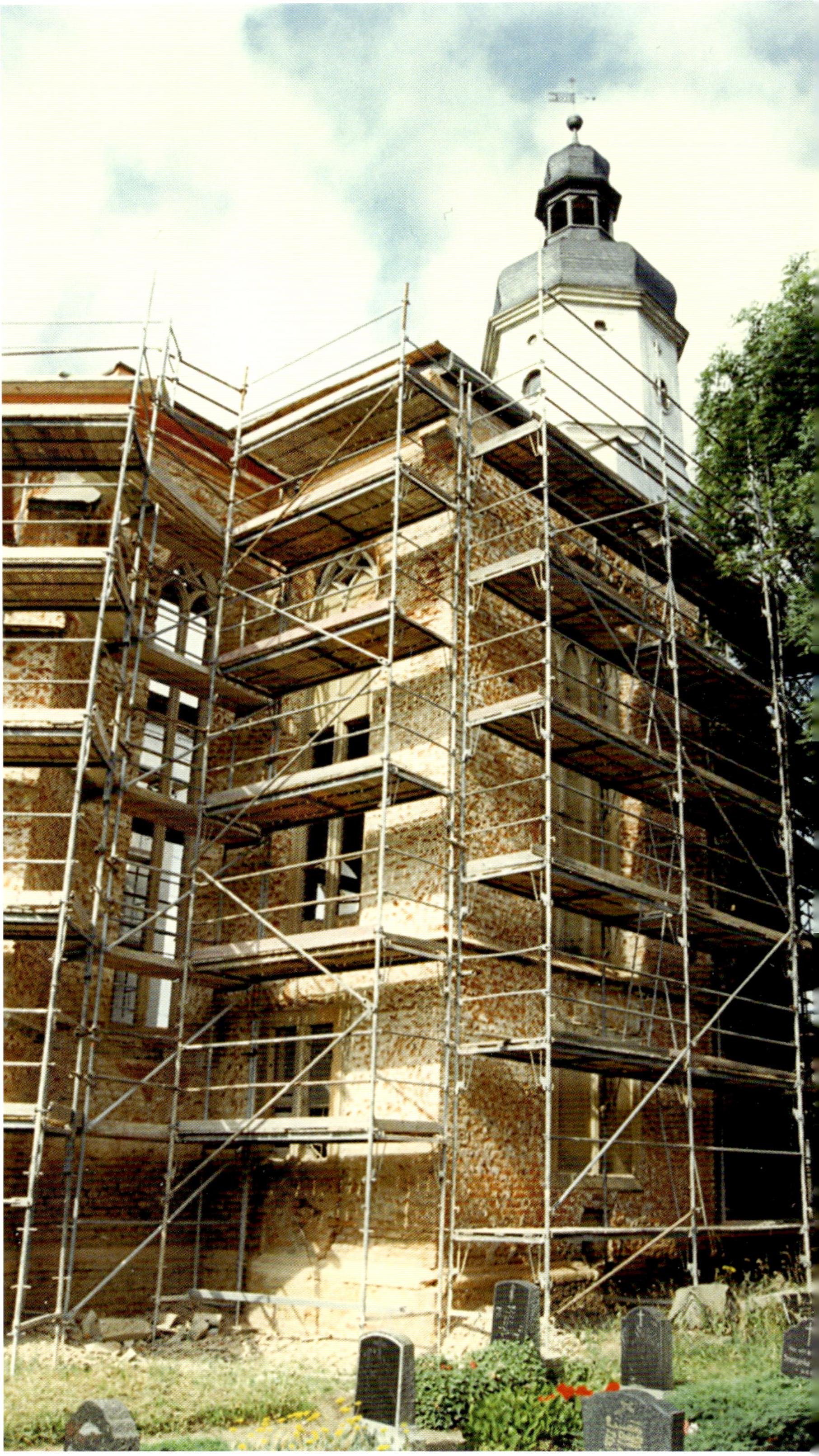

Die Restaurierung des Kirchenschiffes
Hans-Reinhard Hunger

Nach dem die Finanzierung der Restaurierung des Schiffes geklärt werden konnte, wurde mit dem Kirchenschiff der zweite große Bauabschnitt in Angriff genommen. Als wichtige Voraussetzung für die weiteren Planungen erfolgte 1994 das Aufmaß des gesamten Kirchenschiffes durch das Weimarer Ingenieurbüro Holfeld. Die Messungen zur Schiefstellung des Turmes ergaben lediglich Neigungen von 5,0 cm in Höhe der Mauerkrone, so dass dadurch keine zusätzlichen Probleme zu erwarten waren.

Im Jahr 1995 war der Turm bereits fertig saniert und das Innere des Schiffes vom Bauschutt und Pflanzenbewuchs befreit. In dieser Zeit wurden auch Überlegungen zum Bau eines Schiffdaches angestellt, die aber aus Kostengründen nicht weiter verfolgt worden sind. Grundsätzlich wurde aber darauf geachtet, dass die Ausbildung eines Ringbalkens auf der Mauerkrone so gestaltet wurde, dass ein späterer Aufbau eines Schiffdaches jederzeit problemlos möglich ist. Die Mauerkrone war insgesamt sehr stark geschädigt und außerdem stark bewachsen. An allen Stellen mussten die obersten Schichten der Krone gänzlich abgetragen, neu aufgemauert und mit einem Ringbalken versehen werden. Die Abdeckung zum Witterungsschutz der Mauerkrone wurde aus Kupferblech auf einer leichten Holzkonstruktion angefertigt.

Das Gutachten des Ingenieurbüros Meßinger & Völkel über die Baugrundverhältnisse des Kirchenschiffes vom Februar 1995 sagt aus, dass das Fundament aus Natur- und Backsteinen (Ziegel) besteht, durch fehlende oder beschädigte Fugen und Durchwurzelungen stark geschädigt ist, die Gründungstiefe bei 1,07 m bis 1,22 m unter Oberkante Gelände liegt und das der Baugrund setzungsempfindlich ist. Hinzu kam, dass sich der unmittelbar unter der Gründungssohle befindliche Geschiebesand schwach bis stark schluffig ist. Setzungsempfindlich bedeutet, dass bindige Böden wie Lehm oder Ton bei einer Verbindung mit Wasser (Niederschlag oder erhöhter Grundwasseranstieg) dazu neigen weich zu werden bzw. bei Austrocknung zu schrumpfen und sich zu setzen. Dieser Prozess kann sich über Jahrzehnte erstrecken und ist insbesondere dann bedenklich, wenn diese Setzungen ungleichmäßig sind. Die ermittelten hohen Sohlspannungen ergaben sich insbesondere bei Ansatz der

Patronatskirche Wölkau

Windlasten auf das Schiffmauerwerk, da ohne Dach und ohne Ringbalken die Mauern als reine Kragträger wirken. Die Standsicherheit der Schifflängswände war ohne zusätzliche Maßnahmen nicht gegeben. Der vorgesehene und dann eingebaute Ringbalken verteilt die Windlasten und leitet sie in die Querwände ein. Dadurch konnte auf eine Verstärkung der Fundamente verzichtet und die Standsicherheit gewährleistet werden.

1996 und 1997 erfolgten hauptsächlich die Putzarbeiten im Schiff sowie der Einbau der Decken in den Seitengebäuden. Auf den Erkenntnissen der Gutachten aufbauend, wurde bei der Auswahl des Putzmaterials größte Sorgfalt angewandt. Man entschloss sich einen auf die Bedingungen des Objektes abgestimmten witterungsbeständigen Putz zu verwenden. Der Putz wurde dann mehrlagig als Unter- und als Deckputz aufgetragen sowie mit einem Anstrich versehen.

1997 und 1998 schlossen sich die Planungen für die Glasüberdachungen im Kirchenschiff an, da einige bauplastische Details als kleines Lapidarium gezeigt werden sollten und diese wenigstens teilweise vor der Witterung zu schützen waren. Aus gestalterischen Gründen korrespondiert die Glasüberdachung mit den noch vorhandenen Natursteinkonsolen der alten Emporen. Für den Einbau der Konstruktion der gläsernen Teilüberdachungen wurden die für die Konstruktion notwendigen Verankerungen (eingeklebte Gewindestangen) im Mauerwerk über Zugversuche geprüft. Die Gewindestangen, wie auch die gesamte Konstruktion der Glasüberdachung, sind aus Gründen der Dauerhaftigkeit aus Edelstahl gefertigt.

Zur gleichen Zeit erfolgten der Einbau der Stahltreppe im Turm und des Stahlbetontreppenlaufes zum Turmeingang sowie der Neubau der Toilettenanlagen außerhalb des Kirchengebäudes.

Die Restaurierung des Kirchenschiffes

Zustand der Mauerkrone
vor der Sanierung

Bewehrung Mauerkrone
Südseite

Freigelegte Mauerkrone
und Einrüstung des Kirchenschiffes

Freigelegte Mauerkrone des
südlichen Seitengebäudes

Patronatskirche Wölkau

Freigelegte Mauerkrone des Chorraumes

Mauerkrone des Chorraumes mit Bewehrung

Die an der Planung beteiligten Firmen:
Architekturbüro Ilg | Friebe | Nauber
Lützowstraße 24, 04155 Leipzig
Ingenieurbüro für Tragwerksplanung Dr.-Ing. Hans-Reinhard Hunger
Steubenstraße 35a, 99423 Weimar
Ingenieurbüro für Bauwerkserhaltung Weimar GmbH
Industriestraße 1a, 99427 Weimar
Ingenieurbüro Meßinger & Völkel
Schkeuditzer Straße 36, 04509 Delitzsch
Ingenieurbüro Dipl.-Ing. Matthias Holfeld, Bauplanung und Vermessung
Ziegelgraben 2, 99425 Weimar

Neuaufmauerung des nördlichen Treppenhauses

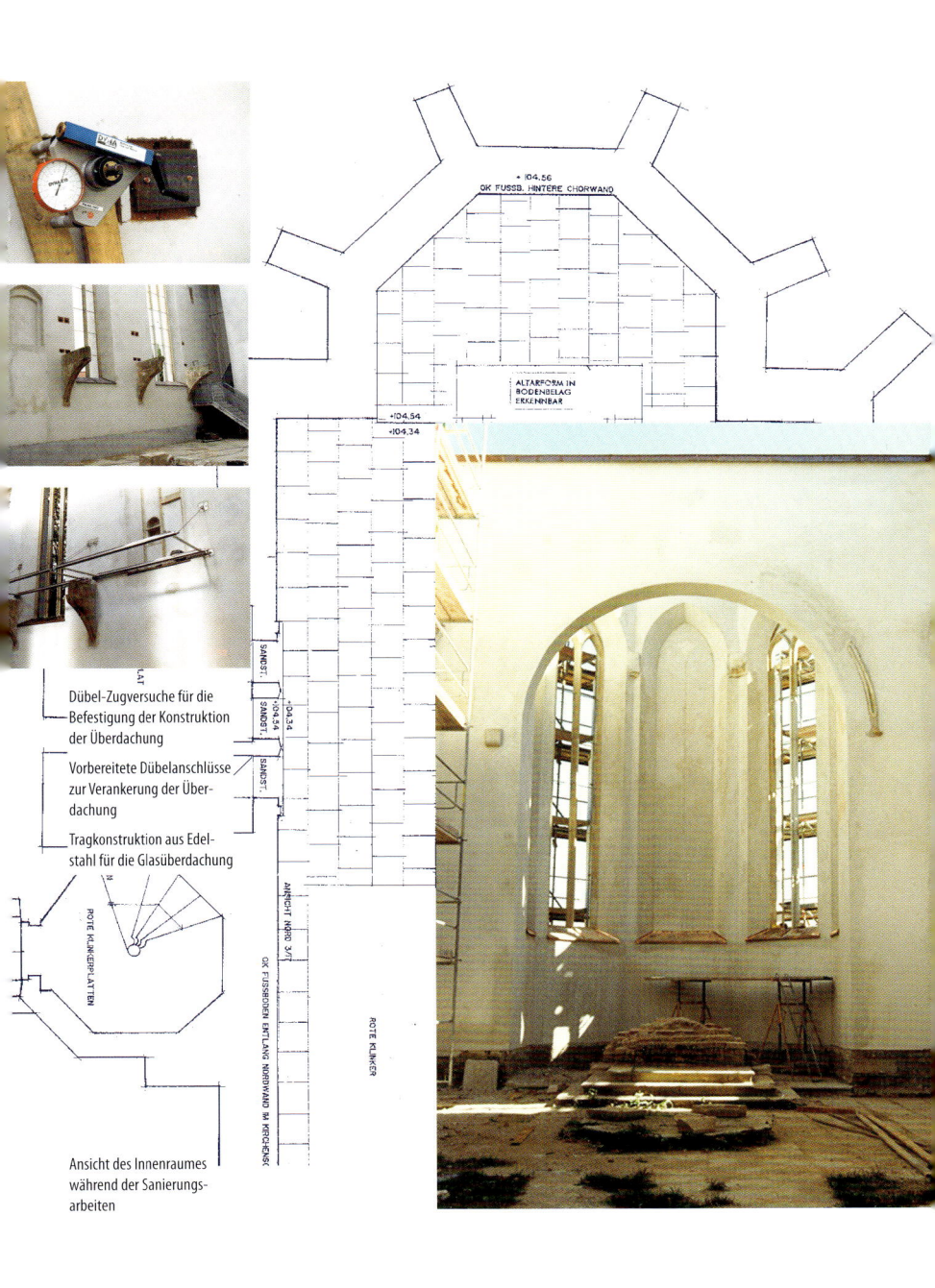

Die Restaurierung des Kirchenschiffes

Dübel-Zugversuche für die Befestigung der Konstruktion der Überdachung

Vorbereitete Dübelanschlüsse zur Verankerung der Überdachung

Tragkonstruktion aus Edelstahl für die Glasüberdachung

Ansicht des Innenraumes während der Sanierungsarbeiten

Patronatskirche Wölkau

In den letzten zwei Jahren ist eine Bilderserie der Patronatskirche entstanden, die hunderte Fotos enthält. Die Fotografien entstanden über das gesamte Jahr hinweg und es wurden ganz besondere Licht- und Witterungsverhältnisse ausgenutzt. Es entstanden Fotos aus meiner ganz persönlichen Sicht auf die Patronatskirche. Dass die Fotografien einmal in einem Buch veröffentlicht werden würden, konnte ich zum Zeitpunkt des Entstehens noch nicht absehen. Insofern wurde bei der Auswahl der Bilder für dieses Buch nicht in jedem Falle die fotografische Qualität in den Vordergrund gerückt, sondern es wurde nach Beispielen gesucht, die die Veränderungen während der Bauzeit besonders deutlich zeigen.

Wenn möglich, wurde den Bildern des verfallenen Zustandes (Aufnahmen von Hans-Reinhard Hunger) Perspektiven nach dem Wiederaufbau gegenübergestellt.

Olaf Graszt

3 | *Bildteil*

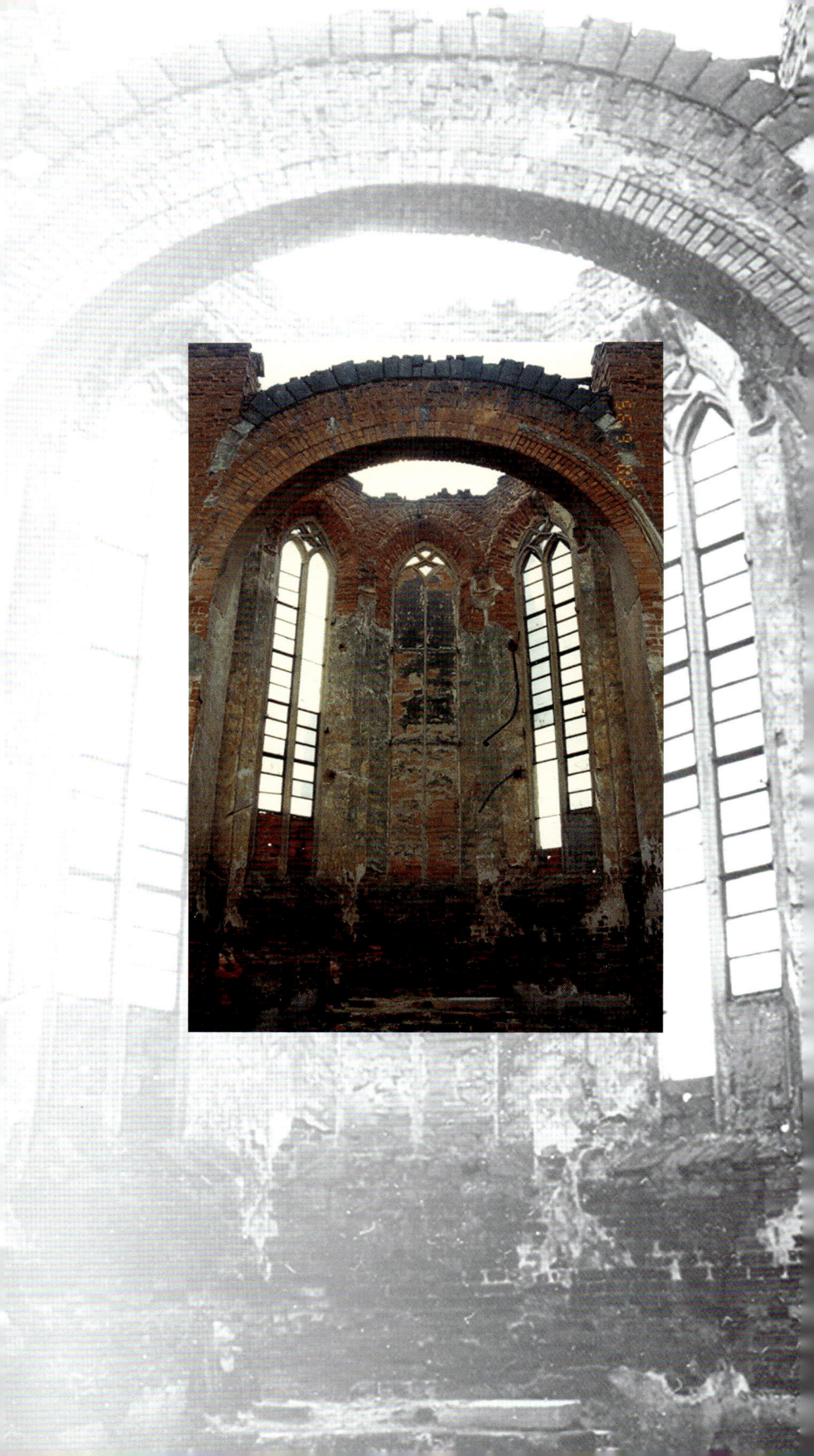

Von der Ruine zum genutzten Bauwerk

Patronatskirche Wölkau

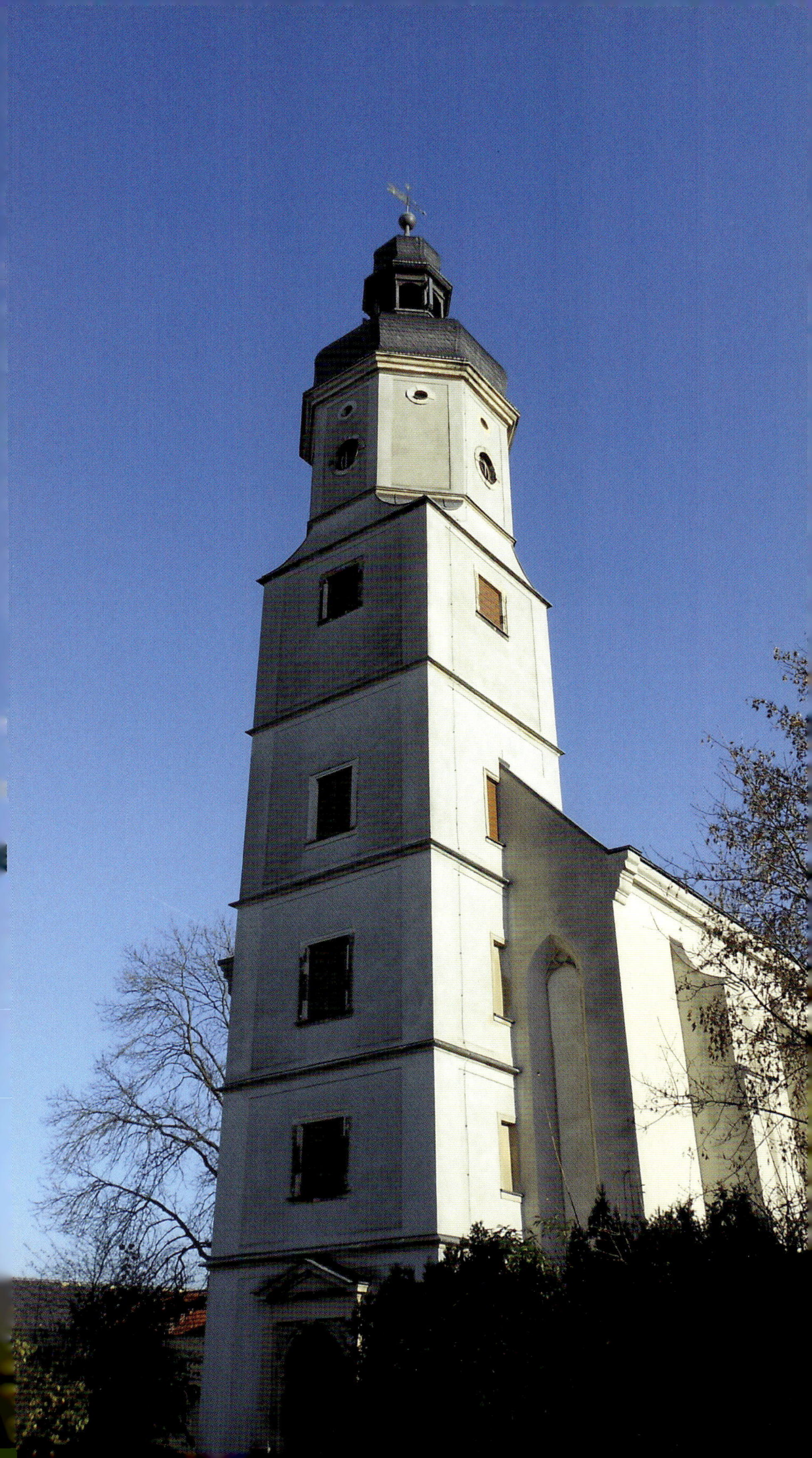

Patronatskirche Wölkau

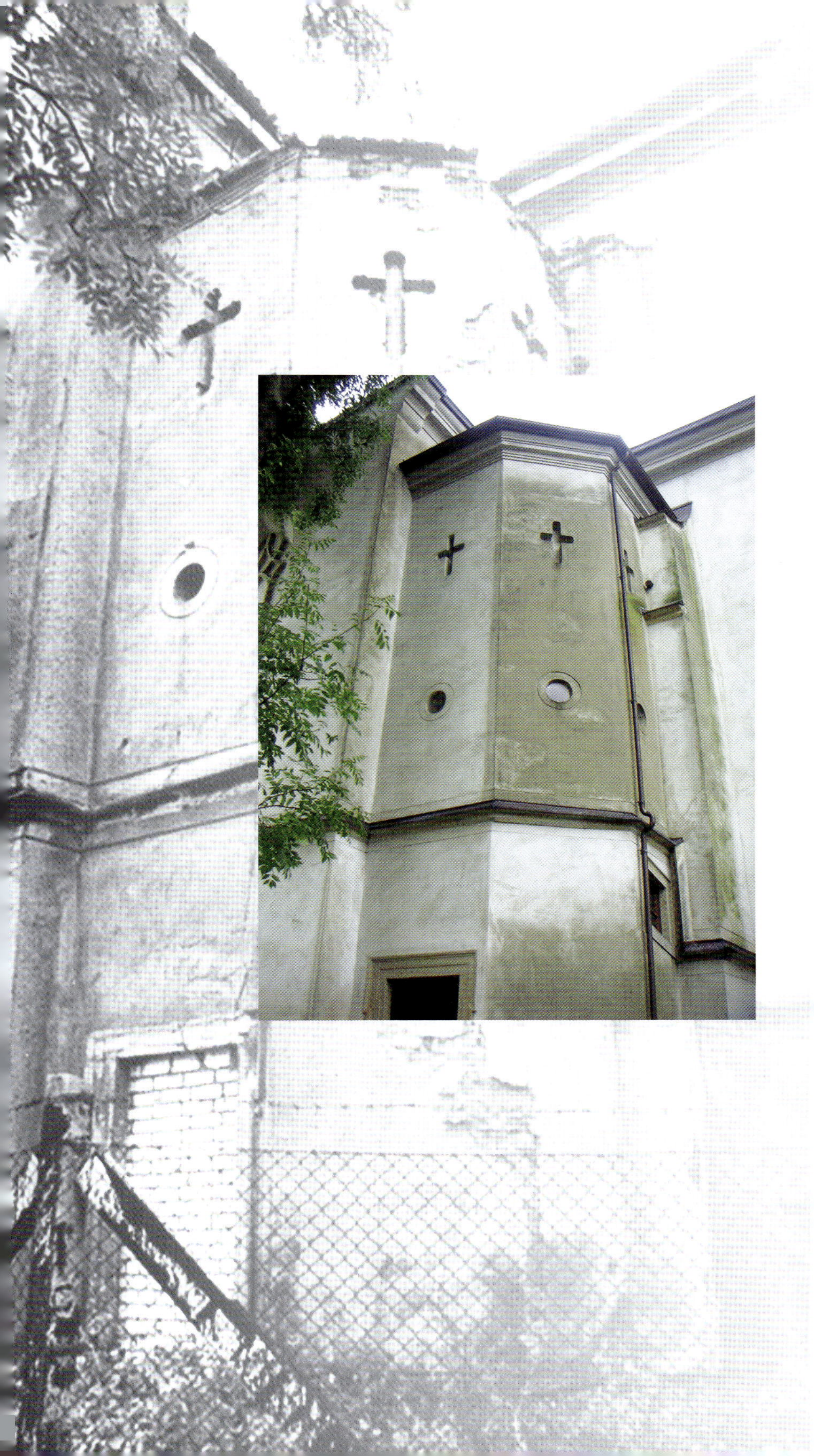

Patronatskirche Wölkau

50

Von der Ruine zum genutzten Bauwerk

Patronatskirche Wölkau

Von der Ruine zum genutzten Bauwerk

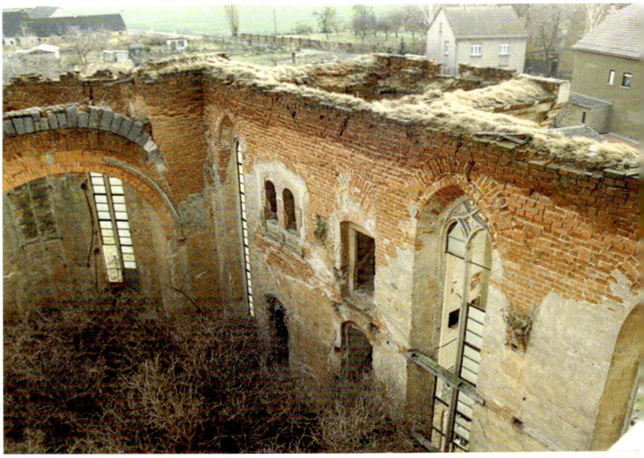

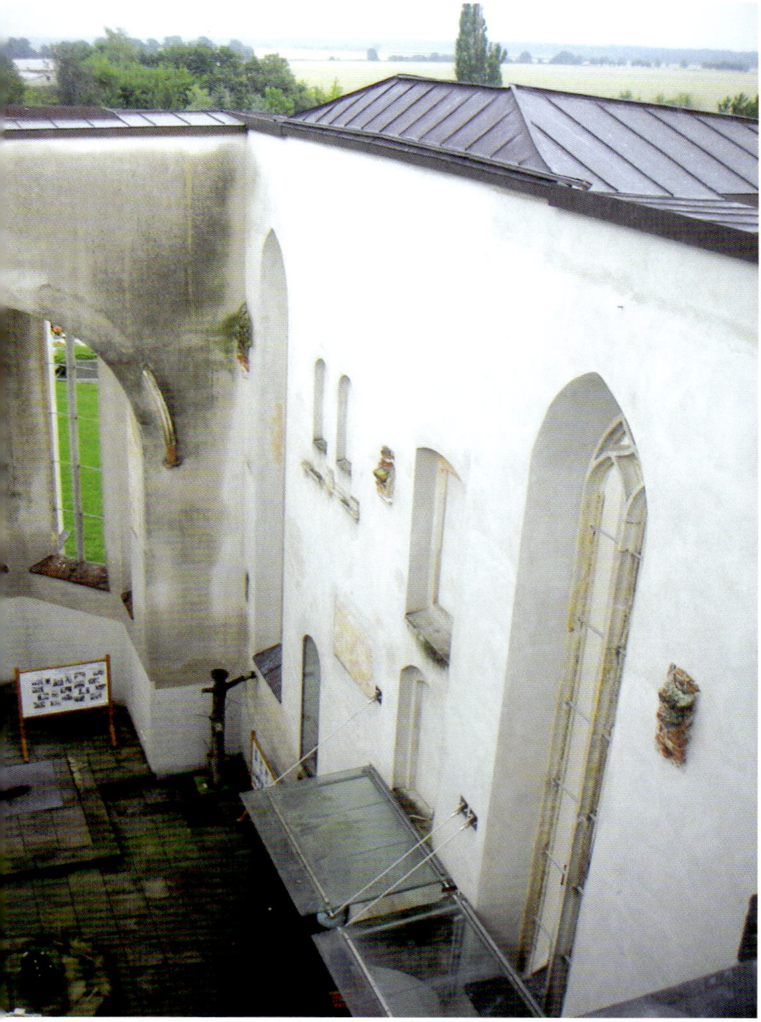

Von der Ruine zum genutzten Bauwerk

Patronatskirche Wölkau

Von der Ruine zum genutzten Bauwerk

Patronatskirche Wölkau

Von der Ruine zum genutzten Bauwerk

Patronatskirche Wölkau

Von der Ruine zum genutzten Bauwerk

Patronatskirche Wölkau

Von der Ruine zum genutzten Bauwerk

Patronatskirche Wölkau

4 | *Anhang*